JN440152

기하학적 고독

김익진 시집

문학의전당 시인선
0253

기하학적 고독

김익진 시집

문학의전당

시인의 말

잘려나간 상형문자,
글자를 조합해보면
이루지 못함의 절규

빛바랜 벽화에
지워지지 않은 옛 얼굴은
석학도 풀지 못한 비밀

에덴을 꿈꾸다
잃어버린 유토피아,
그 까마득한 기억의 절망

예고 없이 찾아오는,

2017년 4월
김익진

차례

제2부

제3부

제1부

만류인력을 무시한 채

지구 행성에 낮과 밤이 없어질 때까지
물이 모두 증발할 때까지

쓰고 싶은 말
사랑

지구 행성에서
만류인력을 무시한 채

태양이 설정한 대로

태양이 설정한 대로 시간을 기록하며
지나간 인내심에 자부심을 갖는다
현재에 머물 기회가 다시는 없으니
차가웠던 마음은 원망하지 않기로 했다
이제는 장미로 만든 옷을 입고
선택했던 삶의 흉터를 지울 때,
독침에 중독되었던 몽롱한 삶은
고통의 목표를 이루었다
이제 주변을 하얀 눈으로 덮어버리고
순교자가 될 시간이다

우주의 한복판에서 물어본다
우린 지금 어디쯤 가고 있는가?
누가 은하계의 시스템을 운전하는가?
어둠의 빈 공간에서 감마선을 따라,
별처럼 빛나던 당신의 눈을 기억하며
부드럽게 코스모스의 중심으로 날아간다
은하보다 넓은 천상의 미소를 찾아,

곧 솟아오르는 둥근 지구를 굴리며
태양이 설정한 대로 날아간다

시간의 기록은 태양의 몫이고,
지구의 눈물은 하늘에서 보이지 않는다

퀀텀(Quantum) 로맨스

내가 이 우주에 속했던 증거를
누군가에게 알리기 위해

증인들이 다 사라지더라도,
붙어 있던 엉덩이가 분리될 때까지 알리리라

누락된, 쓸 수 없는 사랑은
우리에 갇힌 차가운 속눈썹
우주에 남겨놓은 미스터리

내 삶의 페이지가 넘겨질 때
챙겨갈 우주적 사랑은
포탄이 터져 시작된 양자의 로맨스,
흔들리며 걷던 길에서 만난 사랑

내가 너를 기억하는 것은
암흑보다 많다

누구나 균형 잡기 위해 움직인다

지구는 환상적인 유인 우주선이다
하지만 아무도 운전할 수 없고,
멈추게 할 수도 없다

승객은 끊임없이 탑승한다
산 자는 입석이고,
잠시 내렸던 사람은 예수뿐이다

노선도, 목적지도 모른 채
단지 상상력과 감정으로 비행한다

태양을 마주하는 순간은
블루 사파이어처럼 빛난다

멀리서 보면 아름답지만
가까이 다가가면 비극이 보인다

누구나 균형 잡기 위해 움직인다

우주가 불공평할 때

우주가 불공평할 때
퍼즐을 분해하는 유아처럼 호기심을 뒤엎고
혀끝에 붙인 황금도장으로
대량생산 학교 시스템을 정지시킨다
정의는 이미 부서진 감옥의 벽돌
버려진 숫사슴은 무능한 수감자가 되고
동일한 작업은 컨베이어 벨트 위에
정성평가의 답안지를 작성한다
너무 비싼 모자를 쓰고 앉아 단지 숫자일 뿐인
평균 점수를 무시한다

우주가 불공평해 보일 때
조기 교육의 예민한 과즙을 맛보면,
평범한 숙제 위에 한 의자가 더 앉아 있다
퍼즐을 조립하는 유아의 맑은 눈으로
공장의 파이프라인을 따라가면
기발한 사람들의 미스터리 서클이 보이고
그들의 금속 맛과 오류는 시간이 지날수록

문을 굳게 닫는다
이유를 모르는 사람들은 쪽잠을 잔다

천문학적 고독

너와 나 사이는 차갑고 완벽한 거리,
온기를 허락하지 않는 소유의 금지
궤도 위의 일탈은 언제나 중력에 지배되고
충동과 본능의 창조물은 없다
어떠한 광휘의 영광도 없는 순백의 어둠,
너에게 쓰는 시는 재활용될 메시지,
세상에 대한 우울한 중저음이고
윤리의 카타르시스는 사막이다
만류인력의 금기는 천문학적인 고독
당길 수 없는 천둥의 쓰라림이다

기하학적 고독

기하학적 고독을 재어보면
언제나 각이 선 삼차원적 모난 곳,
자아로 점령된 날카로운 공간은
시간의 함수 앞에 마모되어
툭 치면 깨어질 유리구슬이 된다
기하학적 고독을 분석하면
파란 혈관의 파장은 사납지만,
삶의 표류로 둥글해진 물방울은
무지갯빛으로 가면을 벗고,
맨눈에 왜곡된 악습을 드러낸다

혜성의 꼬리가 돛을 올릴 때

혜성의 꼬리가 돛을 올릴 때
웅장한 마음으로 짠 입술을 지우세요
창백하고 시시한 순간들은 지진에게 맡기고
불운한 출생을 잊으세요
인생의 단계가 바뀌고, 멜로디가 낯설어도
상심의 비명을 인정하세요
신들의 의지와 지혜는 예측할 수 없지만
노래와 춤이 우주를 따뜻하게 합니다
매일 밤 눈물이 뺨에 떨어지더라도
미소 지을 방법을 찾으세요 그리고
누군가 당신을 사랑했다는 말을
과소평가하지 마세요

지구도 당신의 심장 박동에 맞추기 위해
천천히 부드럽게 돌고 있습니다
납치된 입에 키스로 독이 채워질지라도
웃음만이 유일한 해독제입니다
악마보다 성경을 더 잘 알지는 못하지만

인생은 지킬 박사와 하이드의 편다지이니
마지막 날까지 우주의 신비를 열지 마세요
신은 잠시 악과 친했던 우리를 아실 것입니다

태양을 조문하며

태양을 조문하며 구석진 곳에서
회전하는 굉음을 침묵으로 듣고,
기억보다 아름다운 그녀의 미소를 따라
코스모스, 최초의 불꽃 속으로 간다
한때 고요했던 절정의 날도 돌아보면
비극적으로 날았다, 걱정 마라!
누구나 겪는 내림차순이다
어둠 속에서도 중심을 잡고 있으니
방랑자의 삶도 훌륭하다
우주의 공간을 점령한 자는
시간의 안과 밖에서 유한하지 않다

가학적 쾌락

마음 구멍으로 두뇌가 서칠어졌다
폐에서는 덜그럭 소리가 나고,
피부와 뼈가 수축되어 간다
두뇌는 마음 이외의 것에 무심하여
분리된 영혼은 길을 잃었다
교전의 규칙도 없는 부적절한 구타로
눈을 뜰 때마다 까마득해지는 잔상은
혼자서 떨고 있는 가학적 쾌락
빛은 어둠에 패배하고, 퀭한 눈동자는
긴 밤을 들여다보며 마음 구멍 낸다

학대의 바다에서 잃어버린

학대의 바다에서 잃어버린
발자국

조수와 연결된 쓸쓸한 달
무한한 어둠의 중심에서마저
너의 입과 목소리를 갈망하고
하루 중 가장 혼란스러운 새벽에
굶주림으로 바닷가를 헤맨다

어제로 소진한 잠에서
다시 어제와 같은 잠,
자연은 그대로 남아 있고
은밀한 죄의 안전한 곳은
바다 속 심연의 유령뿐이다

등을 돌려 상처를 치료하려 할 때
얼굴은 앞으로만 나가고
이룰 수 없는 사랑의 쉼터는

여러 단계의 낙하 파편들이 박혀 있는
어두운 하늘이다

바다에서 일어나 울고 있는
발자국

새벽은 하루 중 가장 혼란스럽다

아름다운 것은 난해하다

이질적인 영혼이 자리 잡도록
구석에 웅크려 공간을 만들지만
익숙한 생각이 영혼을 지배하는 밤,
초대받지 않은 압연강*의 성소는
거절할 수 없는 외계인으로 오고
나는 또다시 그를 인수받는다
나의 가장 좋은 부분이 침략당하고,
영혼이 섞이는 이 밤은 교활한 교리,
난기류의 탈출은 중력의 상실이 아니라
존재의 흔적을 인정하는 것

아름다운 것은 모두 난해하다

---

*압연강(壓延鋼): 압연하여 만들어낸 강재.

불씨

죽어가는 별처럼 내부에서 외부로
은밀하게 타들어가는 초신성
격노하는 심장에 최후의 키스는
터치마다 뼈와 살이 삐거덕거리고,
지울 수 없는 타투는 잔류의 흔적
바싹 여위어 가는 우상숭배이다
미적 감각이 없는 결핍의 짐승은
감각을 깨우는 샤머니즘의 음모이고,
무정부자의 전사처럼 밤을 기습한다

너와 나에게 어제는 산불이었다

좌표의 소멸

중심은 모든 곳에 있으나
경계는 어느 곳에도 없다
신은 어디에나 있으나,
알아볼 수가 없다

길 위에서 좌표를 잃었다

몸은 나그네의 관성좌표
시간은 신에게 가는 지름길,
병은 세상 밖으로 가는 차표이다
좌표의 소멸은 소원을 이루는 것,
자유를 찾아 나서는 길이다

우주 바다엔 파도가 없다
얼어야 만나는 강의 기다림도 없다
발을 들어 하늘을 유인하고,
구기는 시빗거리도 없다
소멸은 평화를 이루는 것이다

나보다
나를 더 잘 아는 신과의 만남이고
영혼의 자유를 얻는 것이다

부재의 담론

부재의 담론은 그녀의 담당
부재를 잘 견뎌내는 것은
망각 외엔 없다, 간헐적 불충실은
그리 어려운 일은 아니다

부재는 지속되고,
견뎌내야 할 때는 조작한다
의혹, 욕망, 우울로
허구를 만든다

허구마저 실패하면
검은 안경 뒤로 찾아온
수도승의 컴컴한 새벽에
스스로 장례를 준비한다

나는 디저트
너는 오지 않는 필사의 비
나는 냉동 꽃잎

너는 천국의 여름 시간

태양을 하늘에 도난당한다

객실 열병

죽을 수 있도록 태어난 우리는
살아있는 한 헤어지는 중,
햇살에 휘감겨 부서지는 터치

빅뱅 후 몇 번의 클라이맥스
오르가즘 후 남아 있는 것은
바람의 허밍과 주파수

바람은 우주의 교향곡
창가를 스치는 한순간의 삶은
딱 한번 반짝이는 울림

폐허가 되기 위해 세워진 도시에서
태어나 유령이 되기까지
우리는 객실 열병을 앓고 있다

순간의 만남과 헤어짐 속에
바람은 야생이고

베어지는 우주의 현이다

삶의 의미와 존재는
언제나 정밀하게 계산된
중력의 전략

마지막 터치로 부서지는
바람의 허밍과 주파수가
애도 없이 사라진다

소각된 상처

방아쇠를 당기기엔 너무 먼 과녁
꿈꾸는 차원의 한 단계 위에서
한 장씩 말하기엔 많은 사연이 있다

겉으론 평화로우나 소각된 상처는
무거운 피부로 눅눅하다

혼자서 슬프게 만든 일이니,
혼자 거두라고,
가을의 눈물은 약점의 징후이니
첼로나 껴안고 보내라 한다

바다의 파도는 유목지로 떠나가고,
미숙한 욕심에 통증을 가라앉힐
위스키를 마신다

주변은 소음으로 중독된 공기,
치명적인 폐렴으로 헐떡이고

남은 것은 쐐기풀과 낭비된 희망뿐

시선만으로 키스하는 먼 브랜드

광화문 연가

얼굴 없는 증오라 침도 못 뱉고
찬 바닥에 찌든 텐트엔 거친 냄새뿐
종이는 내 세계이고, 펜은 내 혀라지만
부서진 골목에는 검은 피가 고여 있다
별은 하늘에서 흑연으로 변해가고
촛불들이 거석처럼 물결치는 도심 속에
노란 리본은 하늘에 눌려 있다
천천히 움직이는 슬픔과 긴 이별
한때 광화문 연가가 흐르던 거리엔
우주 괴물을 향한 녹슨 분노만 가득하다

부서진 퍼즐

부드러운 손을 내밀어
퍼즐의 날카로운 모서리를 붙이려고 하면
긁힌 손가락과 피의 손바닥은
잠시 그녀를 태양까지 들어 올린다

눈부신 광선은 잠시 빛나겠지만
점자의 곡면과 요철을 배우듯
부서진 조각을 더듬어보면
시간은 매초마다 무한대다

화려한 일몰에 매료되어 해변을 걸을 때
출생과 사망 사이에 유일한 상수라 했던 퍼즐은 흩어지고
암묵(暗默)만 부러진 날개로 날고 있다

나는 당신을 기억하는 것을 결코 잊지 못한다

말의 직립

말의 직립은 마약 같은 시
얼음 기둥의 혀처럼 기억될 것이다
비밀경찰을 두려워하듯 복종하지만
기본 게시에는 눈이 멀지 않았다
썩어가는 상처에 독성을 발라주듯
말의 직립은 은유가 없다
상처의 비틀거림을 단단히 묶으면
부메랑 되어 삶의 게임 법을 알려준다

현실로 이동할 때 균형을 잃지 마라
그것이 우리의 방향키다

제2부

그녀는 우주다

그녀는 우주다
수백억 광년의 순수함이다

초신성의 입술은
빛마저 삼키는 블랙홀

아무리 웅크려도
빠져나갈 수가 없다

시간의 화석

사람이 걸어온다 빅뱅의 잔해다
수백억 광년의 불꽃
백 년도 채 안 된 건물과 도시 위로
오래된 것들이 걸어 다닌다
별들의 먼지가 카페에 앉아
영원을 무의식으로 바라본다
사람이 지나간다 시간의 화석이다
우주가 끝날 때까지
다시는 못 올 곳으로 사라진다
내가 아는 시간은 지금,
영원히 안녕

마수걸이

오후 종로거리,
전철역 출구 맞은편 건물에 기댄
사내가 중얼거린다
뭔가에 초조해하며 재촉한다
추리닝 주머니에서 연신
이만 원을 꺼냈다, 넣는다
사내는 앞니가 서너 개 빠져 있고,
서 있기조차 힘들어 보인다
하지만 허세를 부리며 닥달한다
두 남녀의 흥정이 오고 간다
살꽃을 파는 쪽진 머리의 여인,
배를 빌려달라는 사내의 마수걸이에
발이 땅에 붙어 있다
그들을 바라보는 다른 사내들은
마른 꽃 봉지의 향기를 킁킁거리며
메기처럼
메기처럼

세상 밖의 떨림

카페에 앉아
대기권 경계를 넘나드는
소음과 광기에 귀를 기울인다

도심 속 카페에 앉아
광폭한 회오리의
흔들림을 느껴본다

세상 밖의 떨림,
빅뱅 후 상쇄되는 파장들이
커피잔 위에서 떨고 있다

도심은 정지되고,
먼 굉음에 귀를 기울인다
흔들리는 나를 본다

그때가 오면

별은 생을 조용히 마감하지 않는다.
온힘을 다한 후, 초신성으로
잠시 은하 속 별지에 머물지만,
결국 수백억 개의 별보다 장열하게 산화한다
태양도 칠십억 년 후쯤에 적색거성이 되어
껍데기가 날아갈 것이다
중심은 수축하여 백색외성이 된다.
그때가 오면 지구는 태양으로 빨려들던가,
껍데기와 함께 날아갈 것이다.
하늘에 가로등 하나가 꺼지고, 푸른 행성이란
공동묘지와 터미널은 폐쇄될 것이다
칠십억 년은 천문학적으로 금방 온다
그때가 오면, 다른 별을 찾아 떠나야 한다

아직도 오지 못한 별이 더 밝고 아름답다

권태

입을 크게 벌린다
하늘을 목젖까지 가득 채운다
좀 더 벌려 식도까지 채운다
식도는 이미 하늘이다
한껏 고개를 젖혀, 눈물이 그렁하도록
몸속에 하늘을 채운다
조심스레 입을 다물어 하늘을 가둔다
빠져나갈까 코를 막는다
파란색이 목젖을 적신다
세포와 세포 사이를 채운다
반복해서 입을 닫고 하늘을 가둔다
입을 더 크게 벌린다

가슴에 걸리는 공기마다

가슴에 걸리는 공기가 아플 때,
마비되어가는 두 손을 잡아주세요
위장이 비틀리고, 눈물이 흐를 때는
벽에 걸린 사람의 아들을 보세요
그래도 아프면 창문을 열어놓고
조용히 침대에 누워보세요
침묵이 흐를 때가 기회입니다
가슴에 걸리는 공기마다 아플 때
구약과 신약이 교차하던 날을 기억하세요
항아리의 물이 포도주가 될 거예요

어디로 가는 중인가?

별은 보는 것만으로도 무한한 영감을 준다 별빛이 이곳으로 오는 데만 수십억 광년 걸린다 모두 과거의 빛들이다 그들이 모두 하늘을 밝히면 대낮처럼 훤해야 할 터인데, 밤은 왜 어두울까? 아직도 이곳에 도착하지 못한 별빛들이 있기 때문이다 외계인은 있을까? 나무에 꽃이 여러 송이 피듯 은하에도 꽃들이 많을 것이다 너무 멀리 있어 볼 수 없을 뿐이다

죽은 후에는,

다른 별로 갈 수 있을까? 비밀로 연결된 웜홀(wormhole)을 통해 갈 수 있을 것이다 생각의 속도로는 순간이동이 가능하다 나는 왜 여기에 있는가? 어디에서 왔는가? 어디로 가는 중인가? 그림자는 무엇인가? 나이 먹어가며 많은 질문을 잊어버렸다

별무리로 간다

신은 수학자다

그녀는 인생을 너무 빨리 봤다 이젠 사랑하기가 힘들다고 한다 자신을 믿지 않는다 조금은 무섭다고 한다 그래서 별 이야기나 한다 그녀가 웃을 때가 좋다 그녀와의 만남을 137억 광년을 기다렸다 별빛은 설명할 수 있지만 잡을 수는 없다 앞서갈 수도 없다 시간 밖에 시간, 공간 밖에 공간, 순백의 진공, 일시적 무한 속에는 다른 삶이 있다

머리카락이 많았을 때

삶이란 무대 위엔 시나리오가 있었고, 치밀한 논리가 있었다 태양은 죽어가고 지구는 식어가며, 대기가 만들어졌다 그 후에 물이 생겼다 그리고 인간이 왔다 우주 역사에 비해 인류는 이슬처럼 보잘것없다 하지만 사유의 힘이 있다 이 모든 기적들! 신은 뛰어난 수학자였다 수목원 벤치 위로 낙엽에 쌓인다

나는 과학자였다

추락한 천사

빅뱅에서 공룡시대까지 줄을 그으면 줄 하나가 백만 년, 그 안의 작은 점 하나가 인류의 역사다 지금도 빅뱅은 어디에서나 일어난다 남녀가 수선스럽다 충동적 찰나의 오르가즘은 은총의 순간들이고, 기막힌 퍼즐이다 하지만 신은 인간의 마음을 존중하지 않는다 너무 소극적이다

세상에 끼어 보면

많은 식물과 곤충, 수천 마리의 동물들과 함께 행성 위에 있다 살인과 파괴로 조화와 균형을 이룬다 비극의 풍요로운 밑거름으로 슬프게 피어나는 이곳에 인간은 실수로 왔거나 아니면 추락한 천사일 것이다 별에서 혹은 은하에서 온 이해할 수 없는 존재의 광기들이다

수선스럽다

출생의 비밀을 말해다오

태양에 비해 콩알만 한 행성 위에서 빗겨간 햇살들을 위로하겠다고 북두칠성에게 약속했다 은하 너머 먼 우주에서 네가 왔다니 믿을 수가 없다 나의 출생의 비밀을 말해다오 그곳에도 호수가 있니 검푸른 바다가 있니 아름다운 꽃과 언어와 미적분학이 있니 산과 나무를 애무하는 바람이 있니 묻고 싶다

출생의 비밀을 말해다오

한번 스쳐간 바람은 다시 돌아올 수 없다 옷을 풀어 가슴으로 느껴본다 해마다 쪼그라드는 나의 경계를 위로하는 바람아! 알려다오 몇 개의 가닥으로 봄을 만들고 몇 개를 더하면 여름을 만드는지! 혼돈의 심연 속에서 티그리스 강 위로 흐르는 별들아! 쏟아지는 잠 속에서 여자를 만들고, 에덴의 동산에서 롯의 땅으로 카인을 피신시킨 비밀을 말해다오

세계는 사탄이 우글거리는 매트릭스 하드웨어,
실제 세상과 에덴은 어디이며, 롯의 땅은 어디인가?

바람은 우주를 몰고 간다

어디에서 오는지!
언제부터 시작되었는지!
어둠의 방랑자, 바람이 분다

이 사악의 길 위에서,
에돔에서 불던 바람이
달 위에 발자국을 지운다

안과 밖이 없이
시나이 광야를 쓸던 바람이
화성에 모래를 날린다

좌우대칭 상하가 없이
소나기를 밀고 달리던 그 바람이
헥토르의 땀을 식혀주었다

우주의 오만과 폭력이
시공을 뒤섞는다

바람은 시를 쓰고,

우주를 몰고 간다

주기율표

수소에서 우라늄까지
주기율표는 별의 연금술사
수소와 헬륨으로 커튼을 치고
천둥과 번개로 혼외자식을 낳았다

은하수 외진 곳에 노란 별
칠십억 인구가 복닥거리는 파란 점
별빛 아래 꼬무락거리는 인간은
수백억 광년 별들의 먼지

발밑을 제거하면
남는 것은 허허 망망이나
땅이 나를 놓아주면
별들과는 동급

우주 변방, 구석진 자리에서
인간의 운명은
주기율표가 결정한다

중력의 법칙

중력 안에 중심을 잡고 날고 있다
그만큼 우리의 삶은 훌륭하다
마법도 아니고, 현실이다
우리는 단순한 방랑자가 아니라
분명 우주의 공간을 갖는 점령자다
시간에 따라 존재의 형태만 다를 뿐
우리는 그 안과 밖에 존재한다
우리는 유한하지 않다
삶과 죽음은 중력의 법칙에 따라
우주는 우리 안에 움직일 수 있고,
우리는 그 안에서 움직이지 않는다

내 슬픈 영혼의 성소

구름에 비해 너무 많은 하늘
별들에 비해 너무 많은 어둠
균열에 비해 빛나는 도자기
나비에 비해 너무 많은 꽃
빗방울에 비해 너무 많은 강물
고래에 비해 너무 넓은 바다

하늘은 넓지만
천국은 텅 비어 있고
묵상해야 할 구석진 방에 비해
행성의 난기류는 수선스럽다

내 슬픈 영혼의 성소를
한번만 들어봤으면

나의 영원은 너에게서 끝이 났다

영혼과 육체는 원수지간
이브의 식탐과 호기심이다
헛된 의혹은 세월에 무너지고
선과 악의 실거래는 휴일이 없었다
한숨과 다음 한숨 사이
시간과 공간이 하나 되어 날아간다

우라노스와 티탄 족처럼
숭고한 괴물의 못된 짓은
전설의 시로나 남았으면 한다
심장과 다음 심장 박동 소리
헛웃음은 불안한 미래를 위한 보증

영원은 무한에서 무한까지인데
나의 영원은 너에게서 끝이 났다

하늘은 완벽하지 않다

자정의 겨울, 눈이 내린다
잣나무 숲속에 나비 한 마리
꽃잎을 찾고 있다

뾰족한 솔잎마다
툭 치면 부서질 얼음 결정이
하얀 밤에 매달려 있다

우주의 중심은 아닌데
한겨울의 숲속은 천국
바람 없이 눈이 내린다

험한 호르몬과 열정의 날들은
종교재판처럼
"어떡해 해서라도……"
잊어야 하는데

바람은 언 계곡물 속에 있어도,

나비 한 마리 날고 있다

하늘은 완벽하지 않다

바람 소리

문학적 우애를 키우기 위해
비유적으로 작성되는 파란 혈관은
잠을 랜덤하게 나열한다

바람에 귀를 기울이면 들려오는
생물학적 시스템의 파동에
시뮬레이션이 지연된다

나비 날개에서 꽃가루가 날리고
짝을 찾는 야생 조류의 눈동자와
뱀 꼬리의 떨림이 날카롭다

돌이 부서져 흙가루로 날리고,
나뭇가지에 갈라지는 바람과
계곡물에 흔들리는 낙엽 소리가 들린다

예민해진 청각은 유다의 동전,
불타는 덤불 속 모세의 샌들 벗는 소리

엘리야의 발자국을 듣는다

문학적 우애를 키우기 위해
잠을 랜덤하게 나열한다

추락도 잠시 나는 것이다

아무리 급하게 발버둥 쳐도
더 없이 잘난 놈도
지구를 벗어날 수는 없다

아무리 게으르고
보잘 것 없어도
지구에서 쫓겨난 놈은 없다

번개로도 떼어내지 못한다

이곳에서 나는 티끌만 하지만
별의 잔해로 왔고
나의 고향은 은하수다

추락도 잠시 나는 것이다

제3부

얼마나 낯설어야 별이 될까

얼마나 멀리 가야 별이 될까
얼마나 멀리 가 있어야 별이 될까

얼마나 큰 이별을 해야
얼마나 긴 세월을 뒤돌아가야
별이 될까

살아가는 것일까
함께 죽어가는 것일까

너를 쫓아가며,
나는 죽어간다

차디찬 냉기 속에
얼마나 낯설어야 별이 될까

비극의 은총

하늘과 땅을 지배하는
중력

가깝게 다가가면
멀어지고

멀어지면
당기는 집착

천년을
바라만 보는 운명

수백억 광년의 이별은
절대 고독이다

그 윤리가 있어
살 수 있다

중력은

비극의 은총이다

마음은 언제나 외출 중

대본 속 등장인물이
행성 위에 서 있다

배역은 무대에서 충실할 뿐
역할은 신만이 알고 있다

궤도 위에서 떨고 있지만
절망하지 마라

삶은 선택도 아니고
가난은 죄가 아니다

정념 또한 어찌하랴!

몸은 무대 위에 있으나
마음은 언제나 외출 중

하늘과 땅 사이

하늘과 땅 사이에
알 수 없는 미래

몸 크기만큼 틈을 만들며
걸어간다

거시적인 질서 속에
미시적인 혼돈 속으로……

불안하다고
하늘에게 외쳐본다

나는 신에게 물어보고
신은 나에게 궁금함이 없는 날

거시적인 질서 속에
미시적인 혼란

그녀는 어디에서 왔는가?

그녀를 찾아 나선다

시간을 거슬러
어머니 자궁 속으로
아버지 뱃속으로

그 어머니의 어머니
그 아버지의 아버지 속으로
거슬러 가본다

에덴의 동산에서
이브도 만나본다

이브 전의 이브
그녀는 어디에서 왔는가?

더 거슬러 가보니
거인이 흙을 빚고 있다

감자만 한 불덩이를
앞에 놓고 고민에 잠겨 있다

그렇게
그녀는 나에게 왔다

침묵하는 신

흙을 빚어 입김으로
재앙을 부른 신

갈비를 뽑아 세상을 어지럽힌 후
침묵하는 신

세상을 구하고자
외아들을 죽인 신

그의 죽음으로
죄인을 구원했으나

자유의지에는
방만한 신

벽에 매달린 채
어둠과 빛을 지배하는 신

위대한 설계자는
침묵하는 신이다

들불

나른한 봄날에 느슨한 통치로
광범위하게 퍼지는 아래의 욕망은
급하게 퍼지는 불꽃이다
황금 조명은 최면에 걸린 호기심
나쁜 여자애와 사나운 남자의 마음,
불타는 화약골, 즐기는 여행이다
노예로 죽지 않고 무덤 위에 올라간
산과 들 위에 도전과 기쁨
폭풍의 강으로 페인트를 칠할 때,
봄바람의 금기는 흉터를 남긴다

흡연

영혼의 빈 구멍이 수축되어 있는
몇 명의 남녀가 엘리베이터를 탔다
손으로 각자 주머니 속을 만지작거리다
로비에 이르자 우르르 뛰어나간다
폐를 가득 채운 슬픔
긴 호흡 전에 초조함, 떨리는 손은
포로와 같은 회색빛 혈색이다
기화되는 현실이 굳은 근육을 위로하고,
부서지기 쉬운 분노를 급하게 세우며
떠밀린 에덴에서 낮과 밤을 재촉한다

노아의 방주

행성 위에
낮과 밤이 만들어졌다

인간은 선악의 열매로
길을 잃었다

날로 포악해졌다

에덴의 동산은
범죄의 소굴로 변해갔다

……

노아와 신의 거래 후
방주가 만들어졌다

하지만
목수들의 침대는 없었다

수장과 멸종으로 버려진 후
알 수 없는 미래를 기다렸다

사실,
노아는 멋진 놈이 아니었다

비둘기 알만 한 비가 내렸다

슬픔의 낙원

푸릇한 눈뭉치 같은
유인 우주선

꽃이 피어 있고
돌고래가 유영하는 수족관

스쳐가는 구름과 시간은
언제나 반송 불가

창밖은 허공에 고립된
수천 낭떠러지

수취인불명의 여행길
멕시코시티의 블루스

슬픔의 낙원

늦잠

모닝콜이 울린다
매끄러운 안쪽 허벅지까지
아침이 왔다

두 손을 넣고
옷 속을 정리한 후
잠옷을 여민다

벽에 붙어 있던
커튼으로
불꽃 댄스를 외면한다

모닝콜이 또 울린다
떠밀리던 낙원을
이불 속에 처넣는다

비음의 허밍

피할 수 없는 곳에 묶여 있는
절정의 가을은 세월이 흘러도
어제의 일처럼 선명하다

생각은 언제나 미로를 헤매고,
은하수를 바라보는 별이 되었지만
너의 오랜 흔적을 씻어내는 것은
광산의 고뇌에서 붙잡은 심혼 같다

내 장기를 먹는 벌레는
침대 끝에서 접힌 담요처럼
굴복하여 일어나기를 거절하고,
그녀가 창조한 좁은 하늘에서
강제로 방출한 두뇌와 척추는
공허에서 공허로 흐른다

한때 구약의 방언으로
무관심하게, 나선형으로 빠르게

천천히, 위에서 바닥까지
바닥에서 하늘까지
기억의 밤을 선사했었지만

가장 짧은 순간의 자비로움은
비음 섞인 허밍의 합성 배합,
큰 참을성, 그리고 화학물질의
방출로 척추가 휘어졌다

모든 산을 넘고 난 후
깊은 계곡의 비움

천사의 시선

오래된 안락의자 담요 아래
은퇴한 여인이
다작을 일삼는 남자들을 본다

신을 말하기에
너무 멀리 온 그들에게,
여인의 미소는
얇은 눈썹의 까만 선과 같다

주황색 벽돌에 도달하면
종탑이건만,
그들은 종소리에 너무 깊이 앉아 있다

검은 타일에 비가 내리고,
여인은 수도사가 도청하듯
남자들의 오고감을 바라보지만

다작을 일삼는 형상에서

이브가 만들어졌다는 구약의 말에
천사처럼 지상을 잃어버린다

겨울 폭우

한겨울 호수가 익사하던 날
태양이 타격하던 얼굴의 윤곽이 지워진다
숲엔 길이 사라지고 꽃밭은 질척된다
흙물이 튕겨 하늘은 회색이 되고
낙숫물 소리에 개들은 한잠이 들었다
동짓날 하늘과 호수의 경계가 모호하고
나무는 얼음으로 옷을 입고
그 위로 얼음 구슬이 굴러 내린다
두 손 벌린 채 얼어버리는
바람은 어둠의 무게에 가라앉는다

낮과 밤

우주의 동그란 동공
부드러운 깜빡임

저녁이 추락할 땐
잠에서 깨어날 시간

울음을 터트리는 태양도
잠을 자야 할 시간

조수처럼 열리고 닫히는
왁스 바른 푸른 눈

이별

차창 밖에 국화꽃을
안고 있는 여인을 보았다

막차로 시골집에 가서
술을 커피잔에 따라 마셨다

아무런 쓴맛이 없어
연거푸 한 병을 다 비웠다

웃음이 절로 나왔다
그리곤 기억이 없었다

뜨거운 눈물이 흐르고
몸은 문턱에 걸쳐 있었다

고향집 공기로 몸을 정화하는 데
이틀이나 걸렸다

어머니는 종일
옆방에서 다림질만 하셨다

집 앞 밤나무 가지엔
작은 새 한 마리 앉아 있었다

집에는 언 낙엽만 쌓여갔다

숱한 바람이 되어

시공의 끝자락,
존재와 무(無)가 하나 되는 곳까지
꽃비를 내리자던 말은
숱한 바람에 흩어졌다

은하수 저편,
어둠의 별까지
손잡고 가자 했던 맹세도
천국의 비

가야 했던 길
가봐야 했던
길 위의 약속들이
숱한 바람이 되어 흩어졌다

실낙원 위에서
태양은 숨을 고르고

지난날의 말들은

천 개의 바람으로 사라졌다

함께했던 곳

한때 함께했던 곳
여전히 그때의 난감한 공기

복도는 어두웠고
호퍼의 캔버스 같은 방

바닷가에서
오후를 매만지던 곳

우주의 한 사랑이
시작되었다 끝난 곳

회색빛 노을이 지고
하늘의 실루엣이 밀려오던 곳

없어진 전화번호를 돌리던,
박해 시에 함께했던 곳

세계가 스스로 고치는 동안
자유를 얻는 곳이다

그림자를 안아주다

여태껏 한 번도 안아주지 못한
너를 안아주고 싶다
꺾이고, 밟히고, 상처 난 얼굴로
좇아오는 그림자

어둠에겐 모습을 드러내지 못하여
보이질 않으나
밝음에겐 땀에 젖은 모습으로
따라오는 그림자

기어이 없애고자 씻어버리면
젖은 채 벽에 붙어 있던 그림자

복도에선 말이 없다가도
차 문을 열면 얼른 안아주고,
낙조를 향해 달리다
차를 세우면 길게 따라 내린다

돌아서서 그림자와 화해하자
나를 먼저 안아준다

입술이 닿은 곳마다

외눈박이로 달이
바다를 내려다본다

청파란 날선 빛이
입술을 들이댄다

바다에 담그니
출렁이며 소리를 낸다

이 바다가, 다 너였으면

지그시 눈을 감고
찔끔 바다를 탐한다

입술이 닿은 곳마다
부드럽게 밀려온다

해설

사랑을 발명한 시적 인식의 힘

백인덕 시인

1.

나는 칼 세이건의 세대다. 고교 시절 『코스모스』를 보며 상상력을 키웠다. 존재로서 견딜 수 없는 슬픔을 안겨주었다. 광대무변한 우주에 떠 있는 이 '창백한 푸른 점' 위에 나 또한 그저 그런 칠십 억 목숨 중에 하나라는 사실이 견딜 수 없이 사소하게 느껴졌다. 중력과 전자기력, 강한 핵력과 약한 핵력은 우주를 관통하는 철칙이 아니라 인생을 지배하는 힘처럼 느껴졌고, 다른 질량과 거의 반응하지 않는 중성미자처럼 한 생을 확 지나가고 싶은 심정은 언제나 머리 위의 하늘을 노랗게 비유하게 만들었다. 그러나 그로부터 시적 사유가 시작된 것 또한 부정할 수 없는 엄연한 사실이다.

김익진 시인은 지나치게 당연하게도 이번 시집, 『기하학적 고독』을 통해 '사랑'을 발명했다. 그의 많은 시적 선배들이 우주가 주는 상상적 압박으로부터 자기 생의 숨길로 틔워 놓은 한 길을 시인은 분명히 인식하고 있는 것이다. 옥타비오 파스는 "사랑한다는 것은/죽는 것이고 다시 사는 것이고 다시 죽는 것이다/사랑한다는 것은 생명력이다/너를 사랑하는 것은 내가 죽기 때문이다"라고 했다. 그는 시인으로서 '영원한 현재'의 힘, 살아있는 이 순간, '여기—지금'의 가치를 정확하게 묘파하고 있다. 웬만한 교양인이라면, 시간이란 공간적 변화를 측정하기 위해 인위적으로 개입시킨 함수의 차원이라는 것을 알 것이다. 그래서 결국 존재란 '무(無)' 되는 시간성이 아니라 자기 '거소(居所)로서의 집(언어)' 위에 정초할 수밖에 없는 필연성을 또한 이해할 것이다. 머리가 아니라 가슴으로 이해하며 '사실'을 '미적 판단'의 기초 위에 세우고자 한 밤과 새벽을 기어이 지나갈 것이다.

지구 행성에 낮과 밤이 없어질 때까지
물이 모두 증발할 때까지

쓰고 싶은 말
사랑

지구 행성에서
만류인력을 무시한 채

—「만유인력을 무시한 채」 전문

마치 시인의 자서처럼 이번 시집의 첫 장을 앞의 작품으로 시작하고 있다. (사실 많이 조심스럽다. 나는 강의의 대부분을 공대생들의 교양으로 충당하고 있지만, 사실 그들의 사유와 세계를 보는 방식에 대한 이해는 협소할 수밖에 없기 때문이다. 인문학자로서의 한계가 느껴진다.) '만유인력'을 무시한 채, 시인은 너무도 간결하고 명료하게 "쓰고 싶은 말/사랑"이라는 것을 선언한다. 이 선언은 명제다. 그것은 '말', 즉 언어이고 그렇기 때문에 존재론적 차원의 의미라는 것을 함축하고, 우리가 '지구 행성'에 있다는 사실에 기초해 이를 논증하겠다는 일종의 키워드를 밝힌 것이라 해도 무방할 것이다. '만유인력'은 힘이다. 결국 우리가 살아 흐물거리는 물체가 아니라 에너지의 총화고 시시각각 상황에 맞춰 변화하는 힘이란 것을 논거의 강력한 기초로 제시하고 있다. 사실 이번 시집은 이 명제, "쓰고 싶은 말/사랑"을 사실과 소견을 통해 논증하는 일반적인 논문의 작성 방식을 따른다고 봐도 무방할 것이다. 따라서 특정한 해석 기준을 세우기보다는 시인의 안내를 따라가는 것도 이해의 좋은 방법이 될 수 있을 것이다. 하지만 필자의 직업병(?) 탓에 두 개의 상황 인식으로 나눠 이해하고자 한다. 물론 그 변화는 시적 인식에 기초하는 것이므로 미학적 판단에서 시작한 존재론적 이해일 뿐, 말 그대로의 '사실'에 대한 논증이 아님을 노파심으로 밝혀둔다.

2.

사랑 이전에 무엇이 존재의 아우라(Aura)로 김익진 시인을 에워쌌던 것일까? 그것은 '고독'이다. 전체의 일부분인 '작은 것' 혹은 매순간 각인하게 되는 자기 동일성의 바깥으로서의 '타자성'에 대한 인식이다. 이 인식이 '정조(情調)' 즉 감정적 대응 양식이 아닌 인식적 사유의 결과로서의 '고독'을 '발견' 하게 한다.

> 태양이 설정한 대로 시간을 기록하며
> 지나간 인내심에 자부심을 갖는다
> 현재에 머물 기회가 다시는 없으니
> 차가웠던 마음은 원망하지 않기로 했다
> 이제는 장미로 만든 옷을 입고
> 선택했던 삶의 흉터를 지울 때,
> 독침에 중독되었던 몽롱한 삶은
> 고통의 목표를 이루었다
> 이제 주변을 하얀 눈으로 덮어버리고
> 순교자가 될 시간이다
>
> 우주의 한복판에서 물어본다

우린 지금 어디쯤 가고 있는가?
누가 은하계의 시스템을 운전하는가?
어둠의 빈 공간에서 감마선을 따라,
별처럼 빛나던 당신의 눈을 기억하며
부드럽게 코스모스의 중심으로 날아간다
은하보다 넓은 천상의 미소를 찾아,
곧 솟아오르는 둥근 지구를 굴리며
태양이 설정한 대로 날아간다

시간의 기록은 태양의 몫이고,
지구의 눈물은 하늘에서 들리지 않는다

—「태양이 설정한 대로」 전문

이 작품은 시인이 드러내고자 한 '거대한 고독'의 전조(前兆)다. "우주 한복판에서 물어본다", 무엇을, '운명'이라는 것이 있다면, 그 '시스템', 즉 체계를 인코딩한 존재는 과연 누구인가라는 당연한 질문이다. 중심은 있지만, 경계는 없다는 천체물리학의 정의를 아무런 설명 없이 사용하고 있지만 전혀 생경하지가 않다. 사실 시인이 의미하고자 하는 바는 1연의 "독침에 중독되었던 몽롱한 삶은/고통의 목표를 이루었다"는 선언과 2연의 "별처럼 빛나던 당신의 눈을 기억하며/부드럽게 코스모스의 중심으로 날아간다"는 현재와 "은하보다 넓은 천상의 미소를 찾아,/곧 솟아오르는 둥근 지구를 굴리며" 갈 것이다라는 기대 사이에, 즉 과거를 소급하고 미래를 소환하는 현재적 시점의 확립에서 시인은 고독의 근거를 탐색한다.

이번 시집의 1부는 거의 이 고독의 근거를 마련하는 데 다 할애되었다고 해도 무방할 것이다. 김익진 시인이 비유나 반어 등의 시적 수법을 동원해 에둘러 가기보다는 시적 진술이라는 직접적 방법에 기우는 것 또한 이런 방식의 이해를 통해 해명할 수 있다. 사실 진술된, 즉 언표된 내용 이면의 빈 공간, 즉 배경처럼 검게 남는 부분에 더 집중하고 싶다는 무언의 지침인 것처럼 보이기 때문이다. '앎'은 고독 이전에 '불안'을 야기한다. 우리는 확인되는 4% 가량의 물질적 존재의 아주 작고, 작은, 정말 작은 일부분에 그칠 뿐이고 우주는 온통 암흑 물질과 암흑 에너지로 가득 차 있다. 주지의 사실이지만, '암흑'은 검다는 성질이 아니라 우리가 모른다는 정체불명의 이미지일 뿐이다. 이 정체불명의 우주에 존재로서 확인되지 않는 '나'가 지구라는 "환상적인 유인 우주선"(「누구나 균형을 잡기 위해 움직인다」)에 실려 자기 스스로 부여한 시간이라는 차원을 유영(遊泳)한다. 즐겁고 슬프지 않다면 그는 아주 바보이거나 성자일 것이다. "우주가 불공평할 때" 시인은 "누구나 균형을 잡기 위해 움직인다"는 것을 증명할 수 있다. 그래서 시인은 숙명처럼 "궤도 위의 일탈은 언제나 중력에 지배되고/충동과 본능의 창조물은 없다/어떠한 광휘의 영광도 없는 순백의 어둠", 즉 「천문학적 고독」을 생각한다. 이런 종류의 느낌은 감각적 사실로부터 이해되는 것이 아니라 대부분 오성(悟性)을 통해 유추되는 것이다. 따라서 시적 공감을 불러일으키기에는 좀 어려움이 있지만, 시적 긴장을 형성하는 데는 크게 도움이 된다. 어쨌든 시인은 이 "천문학적 고독" 속에 자기(나는 프로이트식의 자아(ego)를 신뢰하지 않는다. 대신 정신활동의 전체를 의미하는 용어로 융의 자기(The Self)를 사용한다. 따라서 이 '자기'는 '에고이즘'의 에고가 아니다)를 풀어놓는다.

기하학적 고독을 재어보면
언제나 각이 선 삼차원적 모난 곳,
자아로 점령된 날카로운 공간은
시간의 함수 앞에 마모되어
툭 치면 깨어질 유리구슬이 된다
기학학적 고독을 분석하면
파란 혈관의 파장은 사납지만,
삶의 표류로 둥글해진 물방울은
무지갯빛으로 가면을 벗고,
맨눈에 왜곡된 악습을 드러낸다

—「기하학적 고독」 전문

태양을 조문하며 구석진 곳에서

회전하는 굉음을 침묵으로 듣고,
기억보다 아름다운 그녀의 미소를 따라
코스모스, 최초의 불꽃 속으로 간다
한때 고요했던 절정의 날도 돌아보면
비극적으로 날았다, 걱정 마라!
누구나 겪는 내림차순이다
어둠 속에서도 중심을 잡고 있으니
방랑자의 삶도 훌륭하다
우주의 공간을 점령한 자는
시간의 안과 밖에서 유한하지 않다

—「태양을 조문하며」 전문

김익진 시인이 펼쳐놓는 '고독'의 공간은 꽤나 익숙하지 않다. 그렇다고 그렇게 섬뜩한 것도 아니다. "시간의 함수 앞에 마모"되는 기억은 얼마나 약한 "유리구슬"인가. 우리는 결국 불가역적인 과거를 그 표면에 비추어, 아니 투사하며 환상으로 결핍을 대신하는 상상의 존재일 뿐이다. 시인은 "삶의 표류로 둥글해진 물방울"이라 했지만, 물방울은 사실 지혜를 모른다. 아니 그런 것 따위는 안중에도 없다. 다만 그것은 중력에 저항하는 제 방식으로 표면장력을 어디로든, 즉 낙하하지 않기 위해 둥글게 제 표면을 만드는 것이다. 우리 삶도 그랬으면 좋겠지만 때때로 "맨눈에 왜곡된 악습을 드러내"기 때문에 우리는 불투명하고 불안하다. 시인은 "코스모스, 최초의 불꽃 속"에서 "비극적으로 날았다". 그러므로 모든 '추락과 비행'은 무의미하다. 하지만 이렇게 읽어서는 안 되는 이유를 시인은 같은 시 안에 마련해두고 있다. 그것은 "방랑자의 삶도 훌륭하다"는 인식이다. 무한히 무한을 염려해야 하는 삶이라면 불안은 무엇이고, 고독이라는 이 사유는 어떻게 형성될 수 있는가? 우리는 무한을 꿈꾸는 유한자이기 때문에, 우리가 사용하는 언어는 언제나 표면이 아니라 이면, 죽음이 아니라 삶을 지향한다. 그 지점에서 시는 '사랑'을 발명한다. 발견되는 것이 아니라, 제 모양과 빛깔에 걸맞은 제 언어의 사랑을 우리는, 아니 모든 시인은 자기 방식으로 발명한다.

김익진 시인이 꾸준히 시를 쓰는 이유도 여기에 있고, 우리가 가슴 근처에 손을 모으고 읽어야 하는 이유도 거기서 비롯한다. 사랑을 발명하는 이 지난한 작업은 칼 세이건만큼 폴 엘뤼아르를 내 머리맡에 두게 한다.

3.

철저한 에피크로스 학파였던 로마 황제 마르쿠스 아우렐리우스의 『명상록』의 한 구절, "지금 이 순간이나, 내일이나 모레나 아니면 언제라도 네가 죽는다는 사실을 명심하라"는 격언을 뼈에 새긴다. 우리는 태어났으므로 죽음을 '발명'했다. 발생한 모든 사건의 종결로써 '죽음'만큼 아름다운 것은 없다. 이것은 스티븐 잡스의 말이고, 내가 우리 학부생들에게 하는 최고의 찬사다. 그러나 시는 여기서 한 걸음, 딱 한 걸음을 더 나아간다. 모든 시인은 '사랑'을 발명하는 것이다. 그가 발명한 윤동주의 사랑이 있고, 김수영의 사랑이 있고, 김익진의 사랑은 '지금—여기' 눈앞에 있다.

아무리 급하게 발버둥 쳐도
더 없이 잘난 놈도
지구를 벗어날 수는 없다

아무리 게으르고
보잘 것 없어도
지구에서 쫓겨난 놈은 없다

번개로도 떼어내지 못한다

이곳에서 나는 티끌만 하지만
별의 잔해로 왔고
나의 고향은 은하수다

추락도 잠시 나는 것이다

—「추락도 잠시 나는 것이다」 전문

시인이 발명한 사랑은 무수한 고민, 민족이나 이념과 같은 이데올로기, 사회화를 위해 학교와 커뮤니티가 우리에게 주입한 무수한 위계, 계급이나 계층적 질서 같은 것을 다 무화하는, 정말 순수하게 함수로 변환하는 급진적인 평등에서 비롯한다. 주지의 사실이지만, 주기율표의 무거운 원자들, 수소 이상(?)은 별의 내부에서 형성되어 별이 죽을 때, 블랙홀이 되지 않고 초신성으로 폭발할 때 최소한 45억 광년을 거슬러 올라와 이 한 몸으로 결정(結晶)되었다. 그러므로 "별의 잔해로 왔고/나의 고향은 은하수다"라는 명제는 참이고, 자기에 대한 정당한 선언이다. 그런데 우리는 돌발적으로 "추락도 잠시 나는 것이다"라는 니체적 선언 명제와 만난다. 이 우주는 중심만 있고 경계는 없으므로 상승이나 추락처럼 무언가를 우선 정위(定位)해야 하는 상황은 말 그대로 시적인 행위일 수밖에 없다. 시인은 이를 마다하지 않는다.

문학적 우애를 키우기 위해
비유적으로 작성되는 파란 혈관은
잠을 랜덤하게 나열한다

바람에 귀를 기울이면 들려오는
생물학적 시스템의 파동에
시뮬레이션이 지연된다

나비 날개에서 꽃가루가 날리고
짝을 찾는 야생 조류의 눈동자와
뱀 꼬리의 떨림이 날카롭다

돌이 부서져 흙가루로 날리고,
나뭇가지에 갈라지는 바람과
계곡물에 흔들리는 낙엽 소리가 들린다

예민해진 청각은 유다의 동전,
불타는 덤불 속 모세의 샌들 벗는 소리
엘리야의 발자국을 듣는다

문학적 우애를 키우기 위해
잠을 랜덤하게 나열한다

—「바람소리」 전문

얼마나 멀리 가야 별이 될까
얼마나 멀리 가 있어야 별이 될까

얼마나 큰 이별을 해야
얼마나 긴 세월을 뒤돌아가야
별이 될까

살아가는 것일까
함께 죽어가는 것일까

너를 좇아가며,
나는 죽어간다

차다찬 냉기 속에
얼마나 낯설어야 별이 될까

—「얼마나 낯설어야 별이 될까」 전문

시인은 '문학적 우애'라 했다. 부정할 수 없다. 언어는 존재가 '거기—있음'을 고지(告知)하는 수단일 뿐이고, 비유는 사실을 인간적으로 이해하려는 왜곡일 뿐이다. 바로 이 지점에서 정말 연약해 보일 뿐인, 우리는 위대한 정신으로 죽는 것이 혈관에 투입된 단 한 방울의 물, 단 한 숨의 공기로 죽는다. 이 어처구니없는 사실을 알면서도 지혜를 갈구하는 한 생명현상으로서 우리는 존재한다.

시인은 알고 있다. "너를 좇아가며,/나는 죽어간다"고. 무슨 말을 덧대랴, 랜덤으로 정렬되는 꿈과 '달'을 잃고 "차디찬 냉기 속에" 낯설고 낯설기만 한 이 우주를 시인이 발명한 사랑으로 사랑하면 그뿐. 우리는 모두 별의 자식이고 그 잔해고, 그의 꿈인 것을.

김익진의 이 지난하고, 다소 생경하면서도, 돌발적인 시와

실험 정신으로 인해 필자는 한동안 혼돈에 빠질 것임을 고백한다. 시의 다양성이란 차원을 넘어, 시와 과학의 만남이라는 차원을 넘어, 그의 문제작들은 앞으로도 필자에게 지대한 영향을 줄 것임을 예감한다. 그와 함께할 앞으로의 행보가 자못 기대가 된다.

이 도서의 국립중앙도서관 출판시도서목록(CIP)은 서지정보유통지원시스템 홈페이지(http://seoji.nl.go.kr)와 국가자료공동목록시스템(http://www.nl.go.kr/kolisnet)에서 이용하실 수 있습니다.(CIP제어번호: CIP2017009016)

문학의전당 시인선 0253
기하학적 고독
© 김익진

초판 1쇄 인쇄 2017년 4월 13일
초판 1쇄 발행 2017년 4월 20일
지은이 김익진
펴낸이 고영
책임편집 서윤후
디자인 헤이존
펴낸곳 문학의전당
출판등록 제2017-000002호
주소 서울시 마포구 마포대로 11길 91, 3층
전화 02-852-1977 팩스 02-852-1978
전자우편 sbpoem@naver.com

ISBN 979-11-5896-313-2 03810

* 이 책의 판권은 지은이와 문학의전당에 있습니다.
* 양측의 서면 동의 없는 무단 전재 및 복제를 금합니다.
* 잘못 만들어진 책은 바꿔드립니다.